ROLANDO & ABIGAIL CARRASQUILLO
P.O. BOX 6424
CLEVELAND, OHIO 44101

Una semilla de luz

Alma Flor Ada - F. Isabel Campoy

ILUSTRACIONES DE Felipe Dávalos

EE UU

Alfaguara

colección derechos del niño

derecho a la igualdad

unicef

Título: *UNA SEMILLA DE LUZ*
©Del texto: 2000, Alma Flor Ada y F. Isabel Campoy
©De las ilustraciones: 2000, Felipe Dávalos
©De esta edición:
  2000, Santillana USA Publishing Company, Inc
  2105 N.W. 86th Avenue
  Miami Florida 33122, EE UU
  Teléfono (305) 591 95 22

I.S.B.N: 84-204-5819-8
Depósito legal: M-32.947-2000
Printed in Spain - Impreso en España por
ORYMU Artes Gráficas, S. A., Pinto (Madrid)

Diseño de la colección: Enlace

La Comisión de Personalidades por la Infancia reúne a importantes escritores e intelectuales de Iberoamérica y España, quienes, de forma independiente, se han comprometido en la defensa de los derechos de la infancia y la adolescencia de América Latina, el Caribe y España. Han suscrito un Manifiesto que reclama a los Estados acciones concretas y definitivas en favor de la infancia y la adolescencia.

DECLARACIÓN DE LOS DERECHOS DEL NIÑO

DERECHO 1
Derecho a la igualdad,
sin distinción de razas, credo o nacionalidad.

PRÓLOGO

Te hablo a vos, y a través de vos a todos los chicos que me escriben o me paran en la calle. No quiero morirme sin decirles estas palabras:

Tengo fe en ustedes, no podemos hundirnos en la depresión, porque es de alguna manera un lujo que no pueden darse los padres de los chiquitos que se mueren de hambre. Y no es posible que nos encerremos cada vez con más seguridades en nuestras casas. Tenemos que abrirnos al mundo. No considerar que el desastre está afuera, sino que arde como una fogata en el propio comedor de nuestras casas; es la vida y nuestro mundo los que están en peligro.

Sí, muchachos. La vida del mundo hay que tomarla como una tarea propia y salir a defenderla, ésa es nuestra misión. Por eso te hablo, con el deseo de generar en vos no sólo la provocación sino también el convencimiento. Son muchos los que en medio de la tempestad continúan ofreciendo su tiempo y hasta su propia vida por el otro, en las calles, en las cárceles, en las villas miserables, en los hospitales.

Les propongo entonces, con la gravedad de las palabras finales de mi vida, que nos abracemos en un compromiso: salgamos a los espacios abiertos, arriesguémonos por el otro. Esperemos con quienes tienden sus brazos que una nueva ola de la historia nos levante.

A ver qué hacemos, a dónde vamos. Si va a haber un cambio, éste va a ser hecho por la juventud.

Ernesto Sábato
Comisión de Personalidades por la Infancia

Sobre la tierra, húmeda de rocío, caminaban todos a los campos. Hombres y mujeres, grandes y chicos, porque para todos había trabajo en los sembrados. Trabajo duro a veces, pero reconfortante. Sudorosos bajo el sol de otoño, cálido y amable.

Había mazorcas gruesas que recoger, canastos que llevar y cargar. Los mayores recogían las mazorcas más altas; los niños, las más bajas. Todos, al ritmo de las canciones que sugiere la cosecha.

A ratos, un padre se agachaba a hacer una caricia a su hijo. Una madre le pedía a los suyos que no se alejaran demasiado si iban a jugar. Y el día seguía, bajo el sol, mazorca a mazorca. Y la tierra sonreía con los niños.

Las carretas rebosantes exigían horas desgranando el maíz. Y mientras los granos dorados caían en las canastas, los cuentos maravillosos salían de los labios de los abuelos. Y se aprendía el origen y la historia. La relación sagrada con montañas y ríos. La glotonería de la zorra y la astucia del conejo.

Y el espacio más cercano al fuego en las noches ya frías era para el niño que nació lisiado; y el lugar al lado de la abuela, para la niña enferma. Todos, siendo parte de una misma vida, celebrando la generosidad de la tierra. Y la luna alumbraba de azul la noche sobre los campos.

7

La ceremonia para dar nombre a un niño
duraba varios días. Los sabios, conocedores de
los astros y la historia, buscaban los indicios: en
las constelaciones, el animal que primero cruzó el
camino del padre el día del nacimiento, la flor que
perfumó los sueños de la madre. Porque el nombre nos
hace únicos y el elegirlo bien es muestra de respeto al mayor
tesoro, la vida que comienza. Y una vez que el niño lo recibe,
que la niña lo aprende, las aguas del arroyo parecen
murmurarlo en su camino.

9

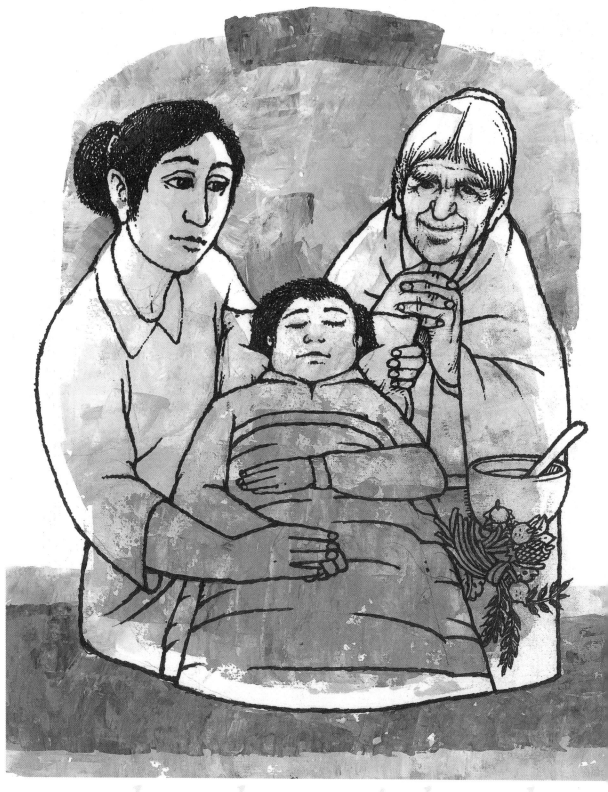

El dolor los visitaba algunas veces. Ninguna pena mayor que ver a un niño enfermo. Todos compartían lo mejor de su experiencia. Las mujeres traían las hierbas curativas; los hombres cazaban aves tiernas para hacer un caldo sustancioso; las abuelas cantaban canciones de cuna, engarzadas una a otra como guirnalda, y tocaban al enfermo con manos bondadosas. Y si nada de aquello aliviaba la tos o la fiebre, ni calmaba las náuseas o el dolor, el sabio intervenía con sus conocimientos heredados de cien sabios anteriores.

Y todo ser viviente sabía que no hay nada más preciado que la salud de un niño.

11

12

Pero un día se alzaron chimeneas donde antes crecían árboles. Las fábricas invadieron los sembrados. Y dentro de ellas fue creciendo la máquina. La máquina que tragaba las horas y los días, y pedía más, y no bastaban meses ni años para saciar su apetito. La máquina a la que le salieron brazos y piernas, y producía prisa y exigencia. La máquina que avanzó sobre la tierra, secando los ríos y aplastando las flores. Y el humo no dejaba ver la cara del sol.

13

Ya nadie tenía nombre, sino tres números y un punto. Y los brazos mecánicos de la máquina separaron a los adultos de los niños. Y la máquina los forzó a todos a trabajar en silencio, cada vez más rápido.

Los ancianos y los niños impedidos no tenían lugar en las filas iguales que cada vez más deprisa caminaban a las fábricas, y fueron echados a las calles. Allí, sin casa ni alimento, mendigaban un poco de vida con ojos apagados y voz dolorida.

Y ya no se oía cantar a ningún pájaro.

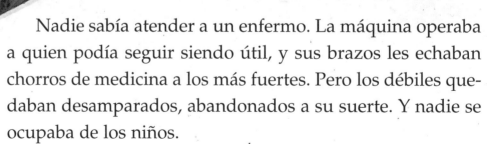

Nadie sabía atender a un enfermo. La máquina operaba a quien podía seguir siendo útil, y sus brazos les echaban chorros de medicina a los más fuertes. Pero los débiles quedaban desamparados, abandonados a su suerte. Y nadie se ocupaba de los niños.

Una mañana, un rayo de sol rompió el cielo gris. Logró colarse entre las nubes de humo y entrar por las rejas de la fábrica, e iluminó un instante, un solo instante, el rostro de un prisionero. Al sentir la caricia, despertó su memoria dormida y apareció el recuerdo de los campos, del trepar a los árboles por fruta, del sumergirse entre los juncos del lago, del olor de las tortillas tostándose en el comal.

El prisionero empezó a recordar que era un hombre porque recordó que alguna vez fue niño.

Y esa noche, la luna llena despertó a una mujer dormida. Y bañada de azul se imaginó corriendo por los campos, llenándose los brazos de lluvia, y extrañó no tener en ellos el peso de una criatura. Y supo que tenía que ir a buscar aquella cosecha que hacía crecer la sonrisa de los niños.

21

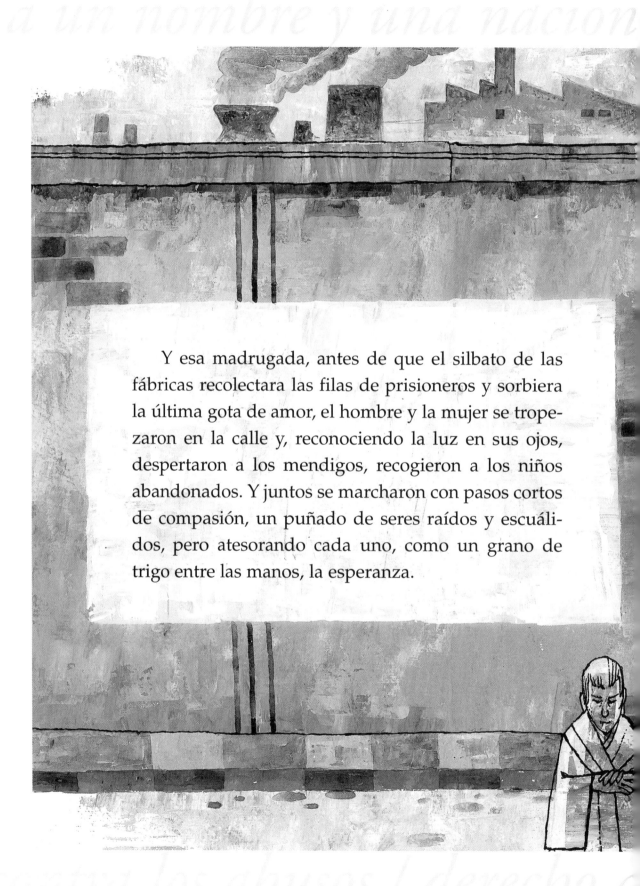

Y esa madrugada, antes de que el silbato de las fábricas recolectara las filas de prisioneros y sorbiera la última gota de amor, el hombre y la mujer se tropezaron en la calle y, reconociendo la luz en sus ojos, despertaron a los mendigos, recogieron a los niños abandonados. Y juntos se marcharon con pasos cortos de compasión, un puñado de seres raídos y escuálidos, pero atesorando cada uno, como un grano de trigo entre las manos, la esperanza.

Desarrollarse en condiciones dignas

En un rincón de la tierra llovió por muchos días y comenzó otra vez la vida… devolviendo brotes de color a la tierra, curando con sol y amor las heridas, devolviendo a cada uno un lugar, una tarea, un sitio de descanso, un mucho de recreo.

Y los mendigos volvieron a ser ancianos sabios. Y su primer consejo fue aprender de la experiencia, recontar lo ocurrido, analizarlo, compartir el dolor para borrarlo.

Y empezó a crearse de nuevo la historia.

Y levantaron un espacio amplio, con mucha luz. Lo llamaron escuela y lo llenaron de cuentos e historias. Y dijeron que allí serían bienvenidos todos los niños y niñas, ninguno sería rechazado. E insistieron en que nada se aprendiera solamente de memoria, sino que se explicara y se entendiera. Y que el conocimiento se fuera construyendo, día a día, con el aporte de cada uno, como si levantaran un palacio de bloques de cristal.

26

Y se vio que lo más hermoso del lugar era que todos eran distintos: altos, bajos, gruesos y delgados, con la piel de todos los tonos posibles; unos ágiles y seguros en sus movimientos; otros necesitados de ayuda para moverse,

ancianos muy ancianos que parecían haber vivido desde siempre, y niños tiernos, con toda la vida por crear.

Y comprendieron que esta diversidad —que reflejaba la diversidad de las flores, los insectos, las aves y las plantas— era su mayor tesoro, y que la esperanza se alimentaba del respeto y la solidaridad.

Y un día quisieron celebrar todo lo aprendido. Y danzaron y cantaron, y comieron y jugaron, y contaron cuentos y se celebraron los unos a los otros. Y cuando se cansaron de reír y jugar y bailar, se reunieron en grupos a conversar.

Al final del día, alguien de cada grupo, a veces un anciano, otras una joven, en algún caso un niño, escribió, para que todos lo vieran y nadie olvidara, la gran promesa universal.

En ella se hablaba de cuidar a los niños, de protegerlos, de alimentarlos y darles un hogar. Se hablaba de su derecho a tener un nombre y una nacionalidad, de su derecho a la salud y a la vivienda, a la educación y a la igualdad. Y, sobre todo, de su necesidad de amor. Y hasta hoy, estos principios son el camino hacia la justicia y la paz.

Como dijo el hombre culto y bueno, noble y sencillo, amante de las niñas y de los niños, que se llamó José Martí:

Los niños son la esperanza del mundo.

> *Los niños han nacido para ser felices*
> *porque ellos son los que saben amar.*

Este libro se terminó de imprimir en
los talleres gráficos de ORYMU Artes
Gráficas, S.A. Pinto, Madrid, España,
en el mes de septiembre de 2000.